LES COLLIBERTS

DE

SAINT-AUBIN D'ANGERS.

Comme la plupart des églises angevines dont la fondation remonte à une date reculée, l'abbaye de Saint-Aubin d'Angers possédait des colliberts.

Dans les chartes de l'Anjou, du Maine, du Vendômois, de la Touraine et même du Poitou, cette dénomination ne s'applique pas à des individus appartenant à la petite peuplade vivant au milieu des marais de la Sèvre Niortaise, que le moine Pierre de Maillezais [1] a seul mentionnée, et dont l'histoire est peut-être encore plus fabuleuse qu'obscure. Les hommes et femmes auxquels les chartes donnent ce nom ne différaient en rien de la population de ces contrées, ni par leur origine ni par leur aspect physique; les colliberts étaient seulement enchaînés au service d'un maître, moins fortement toutefois que les serfs proprement dits, avec lesquels ils ont été souvent confondus dans divers titres du onzième siècle. Leur condition les attachait à la personne de leur propriétaire, à sa maison ou à ses domaines, comme serviteurs, ouvriers et laboureurs. D'après quelques documents monastiques, ils composaient ce que l'abbaye appelait sa famille. Bien qu'elle n'offrît pas autant de chances d'affranchissement, la domination des gens d'église était pour les colliberts préférable, sous beaucoup de rapports, à celle des séculiers; aussi les voit-on souvent comparaître eux-mêmes en justice, afin d'y prouver par le jugement de Dieu, généralement par le duel, qu'ils appartiennent à un monastère plutôt qu'à un seigneur laïque, et même

---

1. In extremis quoque insulæ unde agitur (l'île de Maillezais), supra Separis alveum, quoddam genus hominum, piscando quæritans victum, nonnulla tuguria confecerat, quod a majoribus Collibertorum vocabulum contraxerat; quod nomen, quanquam quædam servorum portio sortita erat, videtur tamen quod in istis conditione aliqua derivatum sit. — V. Labbe, *Nova bibliotheca mss. librorum*, vol. II, p. 223.

1856   1

donner leurs biens pour obtenir ce changement de maître. Chez les moines, en effet, l'autorité s'exerçait d'une façon plus régulière. Les colliberts y jouissaient aussi d'un petit domaine ou revenu, désigné sous le nom de *fiscus colliberti*. A la vérité, cette jouissance était précaire et toute personnelle : comme les vassaux libres, ils ne pouvaient, sans une autorisation formelle, aliéner la moindre partie des objets dont se composait leur fief ; mais comme eux aussi, et sinon en droit, du moins en fait, ils le transmettaient à leurs enfants, et leur maître ne s'en emparait pas, à moins que le collibert ne cessât de lui appartenir.

Un des signes de cette condition, ainsi que l'une de ses charges, était le payement d'une redevance annuelle et personnelle de quatre deniers. Lorsque, forcé par la faim, frappé par un jugement dont il ne pouvait exécuter les prescriptions, animé par la foi religieuse ou désireux d'expier quelque crime ignoré et impuni, un individu libre de naissance venait de lui-même se soumettre au joug du collibert, celui qui allait devenir son maître lui déposait sur la tête quatre deniers, pour prix de sa liberté aliénée. De même aussi, quand des services rendus à son propriétaire ou à un puissant protecteur, d'heureuses dispositions aux études cléricales, un petit pécule fruit de longues et laborieuses économies, ou bien encore les scrupules d'un propriétaire pieux, surtout à l'approche de la mort, amenaient l'affranchissement du collibert, les quatre deniers jouaient de nouveau un notable rôle : en les renversant de dessus la tête du collibert, on proclamait par là même sa liberté. On ne doit donc pas être étonné de voir des individus, poursuivis en justice par les moines ou chanoines qui se prétendaient propriétaires de leur tête, répondre : « Je ne suis pas un homme de Quatre Deniers [1], » avec autant d'insistance et d'énergie qu'on prononçait jadis les mots : *Sum civis Romanus*.

Les enfants des colliberts étaient nécessairement soumis à la condition de leur père et de leur mère. Le mari et la femme ayant le même maître, il n'y avait aucune difficulté à l'égard de leurs fils et filles. Si les maîtres étaient différents, circonstance très-fréquente, malgré l'opposition que chacun apportait au mariage d'un sien collibert avec celui d'un autre seigneur, aussi-

---

1. De quodam coliberto Sancti Mauri nomine Simone Fabro, qui diu ventilatus hominem se ipsius sancti recognoscebat; sed non sicut alii qui Quatuor Nummis erant. *Cartulaire de Saint-Maur sur Loire*, charte 47.

tôt qu'elle avait atteint l'âge de puberté, leur postérité était partagée, soit amiablement, soit devant le juge, non pas selon le sexe, mais d'après la valeur donnée à chaque enfant. Un certain nombre d'actes établit que, dans ce cas, l'un des maîtres sollicitait et obtenait parfois de son copropriétaire la cession de sa part dans la malheureuse famille qu'on allait ainsi déchirer; mais le principe n'en subsistait pas moins, et son application était générale.

Quand un mariage était contracté entre une personne libre et un collibert, leurs descendants subissaient le sort de ce dernier, que ce fût leur père ou leur mère. Alors aussi l'époux libre de naissance était promptement réclamé par le maître de son conjoint, à moins qu'il ne s'en séparât immédiatement. De nombreuses unions, formées le plus souvent dans l'ignorance de la tache originelle d'un des époux, se trouvaient ainsi brisées dès le début, ou lorsque leur hymen avait déjà donné des fruits qu'un nom funeste allait remplir d'amertume; mais le pauvre Quatre-Deniers n'était pas toujours répudié avec ignominie. L'amour, l'affection conjugale ont plus d'une fois fait taire, chez le mari comme chez la femme, le sentiment de la liberté, et rendu le servage préférable au divorce [1].

Tout ce qui concerne la condition des colliberts, du dixième au treizième siècle, a été l'objet d'une étude approfondie de la part de notre confrère M. André Salmon, qui publiera prochainement le *Livre des serfs de Marmoutier*, avec un grand nombre d'actes empruntés aux archives d'autres établissements religieux. Aussi, en imprimant quelques chartes relatives aux colliberts de Saint-Aubin, avons-nous seulement constaté, d'après les documents empruntés aux principaux cartulaires angevins, ceux de Saint-Maurice, de Saint-Serge et du Ronceray d'Angers, de Bourgueil, de Saint-Florent de Saumur et de Saint-Maur-sur-Loire, les faits qui doivent rendre plus complète l'intelligence des titres que nous soumettons à nos lecteurs.

Ces chartes sont au nombre de onze. Nous en avons pris sept dans le cartulaire de Saint-Aubin, magnifique manuscrit du commencement du douzième siècle et même de la fin du onzième, dont on a pu déjà apprécier l'importance dans ce recueil même,

---

1. Johannes, cum... quandam... adamasset ancillam, in servitutem denuo sese propter eam non dubitavit offerre. *Liber de servis Majoris Monasterii*, carta xcvi.

Uxor Otbergi Bergerii, Plectrudis nomine, nolens dimittere virum suum, et ipsa posuit iv nummos super caput suum, et effecta est ancilla. *Ibid.*, carta cviii.

par un curieux document relatif au droit de sépulture [1]. Elles y sont copiées dans les chapitres V, n°ˢ 34, 36 et 37 ; XII, n° 3 ; XIV, n°ˢ 7 et 18 ; XIX, n° 9, et XXII, n° 9. Elles sont cotées ci-après n°ˢ II, III, IV, V, VI, VII, IX et X. Deux autres, n°ˢ I et XI, existent en original dans les archives de Maine-et-Loire, la première dans les Mélanges anciens, placés à la suite des prieurés et domaines de l'abbaye, la dernière dans les titres du fief de la ville d'Angers et des environs, volume XV, folio 3. Enfin, le n° VIII nous a été conservé dans deux collections manuscrites de la Bibliothèque impériale : celle de dom Housseau, vol. II, n° 656, et celle de Duchesne, vol. XXII, fol. 109. Le texte de cette dernière est plus complet, et nous l'avons adopté de préférence. Nous avons classé toutes ces chartes d'après l'ordre chronologique, suivant lequel elles sont ci-après analysées ou même traduites.

I. Entre les années 998 et 1001, un personnage nommé Frédéric, sollicité par l'abbé Girard, à la requête duquel l'opinion générale que le monde touchait à sa fin donnait sans doute un grand poids, dispose en faveur du monastère de Saint-Aubin d'une terre, d'une pêcherie, d'un collibert nommé Bernon et de ses enfants. Foulque Nerra, comte d'Anjou, duquel il les tenait en fief, confirme la donation de Frédéric, qui s'est néanmoins réservé un cens annuel de cinq sous, payable le jour de la fête du saint auquel appartiendront désormais le collibert et sa famille.

Cette charte, que son style incorrect et son écriture carlovingienne, rendent très-importante pour l'étude de la paléographie angevine, était déjà rongée dans toute sa partie inférieure lorsque nous l'avons sauvée de l'humidité qui, avant 1841, exerçait ses lents mais inévitables ravages sur une grande partie des titres détachés que possède le département de Maine-et-Loire.

II. Vers la fin du dixième siècle, Raoul, fils de Durand Burdel, collibert de Saint-Aubin à Champigné-le-Sec [2], avait épousé Hermengarde Gillarde, serve du monastère de Saint-Florent, près Saumur. De ce mariage naissent un fils, Archembaud le Paré, et une fille, Rainsende. En vertu d'un partage passé à Méron [3], après l'an 1001, mais avant 1007, cette dernière échut à Hubert, abbé de Saint-Aubin, et son frère aux religieux de Saint-Florent.

---

1. *Bibliothèque de l'École des chartes*, 3ᵉ série, vol. V, page 528.
2. Prieuré de Saint-Aubin d'Angers. — Maine-et-Loire, arrond. de Saumur.
3. *Item.* — *Ibid.*

III. Par la troisième charte, rédigée de 1001 à 1026, un chevalier, nommé Teto, s'exprime eu ces termes : « Nous voulons que
la connaissance de ce qui suit parvienne à tous les fidèles de la
sainte Église, présents et à venir; savoir, que la congrégation
entière de Saint-Aubin m'a supplié de lui céder, à prix d'argent,
une colliberte que je tiens en fief de mon seigneur Foulque. Donc
moi Teto, accueillant la demande faite par l'abbé Hubert et par
sa congrégation, avec le consentement de mon seigueur Foulque,
pour le salut de son âme, de celles de mes père et mère et de la
mienne, et par le conseil de mes fidèles, je livre au monastère de
Saint-Aubin une colliberte nommée Aremburge. Et que personne n'ose jamais la réclamer, ni moi ni aucun de mes parents
et successeurs. »

IV. Suppliée vers la même époque, par l'abbé Hubert, de
faire quelque donation au monastère dans le fief duquel elle de-
meurait, une dame nommée Ausende ou Assent lui accorde, pour
le prieuré de Saint-Remi la Varenne [1], une colliberte appelée
Algarde, avec tous les enfants qu'elle pourra avoir, à condition
que cette dernière abandonnera en pleine propriété à sa maîtresse
l'héritage que le père de ladite colliberte lui a laissé, c'est-à-dire
une terre, des pièces d'eau et la moitié de sa maison.

V. Cette charte porte notamment ce qui suit : Un collibert
de Saint-Aubin, nommée Morin, a pris pour femme une colliberte
de Sancion de la Haye, de laquelle est né un fils appelé Richard.
Dans la suite, c'est-à-dire de 1039 à 1055, l'ayant d'abord admis
au bénéfice de leur abbaye, l'abbé Gautier et ses religieux achè-
tent la mère et la moitié de son fils au susdit Sancion, moyennant
60 sous, plus deux selles valant 5 sous chacune, l'une pour son
usage particulier et l'autre pour celui de son fils. En outre, sa
femme reçut 5 sous.

VI. Avant l'année 1040, Guion, trésorier de Saint-Maurice
d'Angers, propriétaire d'une église consacrée à saint Martin de
Vertou, et située dans le bourg du Lion [2], la dote richement et la
donne aux religieux de Saint-Aubin, pour qu'ils y établissent une
obédience ou prieuré. Hameline sa femme ; Baudouin, Aubri et
Noé, ses fils, approuvent cette fondation, ainsi que Foulque

---

1. Maine-et-Loire, arr. d'Angers.

2. *Cartulaire de Saint-Aubin d'Angers*, chap. XII, charte Ire. *In vico qui Legio
nuncupatur*. Le Lion d'Angers, Maine-et-Loire, arr. de Segré.

Nerra, comte d'Anjou, et l'évêque d'Angers. Quelques années plus tard, Guion abandonne sa femme, ses enfants et le monde, pour prendre l'habit monacal dans l'abbaye qui le comptait déjà au nombre de ses bienfaiteurs. Baudouin, son fils aîné et héritier, ne se borne pas à confirmer la fondation de l'église de saint Martin de Vertou. Partant pour Rome, voyage ou plutôt pèlerinage aux fatigues duquel il paraît avoir succombé, vers l'année 1055, il donne aux moines du Lion-d'Angers, pour l'augmentation de leur nourriture et le service de leur cuisine, la dîme d'une masure de terre, ou closerie, exploitée par André, fils de Seinfred, plus deux colliberts, qui étaient frères, l'un nommé Jean, l'autre Fromond.

VII. Un chevalier et vassal illustre, nommé Hamelin, allait obéir aux nécessités de l'âge et déposer son épée, lorsqu'il fut traîtreusement attaqué et mis à mort par ses ennemis. Son corps est livré à la sépulture le 31 mai 1062, dans le cimetière de Saint-Aubin. Le même jour, sa femme Hildeburge et leurs fils Hubert et Giraud, accablés de douleur, inquiets sur le sort de son âme et désireux d'obtenir la rémission de ses péchés, affranchissent un des colliberts de Hamelin, celui qu'on appelait Gosselin, et le déclarent libre ainsi que toute sa postérité. Après avoir obtenu la confirmation des divers seigneurs desquels dépendait le fief de son maître, dont il faisait lui-même partie, Gosselin prie les moines de dresser un acte constatant la manière dont il a obtenu sa liberté ; et ceux-ci rédigent notre charte, à la suite de laquelle ils inscrivent les noms des principaux personnages qui ont assisté à l'enterrement de Hamelin comme à l'affranchissement de son collibert.

VIII. Dame Goitrude et Hairi son fils disputaient aux moines de Saint-Aubin une famille de colliberts, savoir Drogon et ses frères et sœurs. De leur côté, les religieux réclamaient à ladite Goitrude et à Hairi une maison située dans le fief de Saint-Aubin. En vertu d'un jugement, les colliberts durent prouver eux-mêmes qu'ils appartenaient à l'abbaye, la mère et le fils étant aussi condamnés à fournir la preuve que la maison leur appartenait. Sur ce double arrêt, rendu entre Goitrude et Hairi, d'une part, l'abbé Girard II et ses moines, de l'autre, fut faite une transaction d'après laquelle, sans pousser le débat jusqu'à ses dernières limites, l'abbaye céda la maison à la mère et à son fils, qui lui abandonnèrent leurs droits sur les colliberts.

IX. Pour le salut de leurs âmes et de celles de leurs fils et filles, et afin d'être admis au bénéfice du monastère, Drogon ou Dreux de Vaux et sa femme Mabille donnent à Dieu, à Saint-Aubin et à ses moines du prieuré de Sermaises [1], une colliberte avec ses deux filles, qui étaient toutes d'habiles lavandières.

X. Dans cette charte, qui, comme les deux précédentes, a été rédigée de 1081 à 1106, il est question d'un nommé Girard Chabot, réclamé comme collibert par l'abbaye de Saint-Aubin, et qui proteste ne pas appartenir à leur famille. Les religieux affirmant le contraire, un cousin de Chabot, appelé Giraud, dont les moines proclament la fidélité, qu'il aurait pu signaler dans une circonstance plus digne d'un bon parent, se lève pour démentir l'assertion de Chabot; et luttant contre lui en public, le bâton à la main droite et le bouclier au bras gauche, il le force à avouer, à peine d'être assommé, qu'il est collibert de Saint-Aubin. Pour récompenser leur champion, l'abbé Girard et les religieux lui donnent, en plein chapitre, un demi-arpent de vigne, dont il payera le cens et la dîme, et une terre dont l'ensemencement exigeait trois setiers de blé, c'est-à-dire qui avait trois sesterées de superficie ; cette dernière à titre viager, mais la vigne transmissible à ses enfants.

XI. Enfin, d'après notre dernier document, on ne peut être libre tant qu'on possède un fief de collibert; et par cela même qu'on a possédé ce fief, on a encouru le déshonneur de la servitude. Cet axiome de droit féodal, que les moines ont eux-mêmes fait écrire en rubrique sur le parchemin de la charte, est le résumé du texte que nous allons traduire à peu près dans son entier.

Geoffroi, fils d'Hildemaine, prévôt de Saint-Aubin, fut comme lui soumis au joug de l'abbaye, *homo Sancti Albini de capite suo*. Il épouse Adélaïde, colliberte du comte d'Anjou et de Robert le Bourguignon, et il en a trois filles, lesquelles, devenues nubiles, sont partagées suivant la coutume des colliberts. L'aînée, Agnès, échue à l'abbé Otbranne, prend ensuite pour mari Girard Chauvel, appartenant comme elle à la famille de Saint-Aubin. Les deux autres, Girberge et Aremburge, deviennent la propriété du comte Foulque et de Robert le Bourguignon, qui ne tardent pas à les affranchir. Rendues libres, et par conséquent étrangères

____
[1] Maine-et-Loire, arr. de Baugé.

aux biens de leur père, elles se marient, la première avec Enjubaud, surnommé Eschevit, la seconde avec Aimeri de Montbazon [1], et chacune d'elles a des enfants des deux sexes.

Simon, fils de Girberge, arrivé à l'adolescence, réclame le fief de son aïeul le susdit Geoffroi, c'est-à-dire la censive du Puy-Anseau [2] et le fief de Constantin Charbonnel. Après avoir pris conseil, l'abbé Girard II les lui livre, conformément aux principes de la justice; il en jouit quelques mois, puis il y renonce, apprenant qu'il ne pouvait être libre tant qu'il posséderait un fief de collibert. Cette résignation et celle du déshonneur de la servitude sont faites en présence de Milon, légat de l'Église romaine, et entre les mains de Girard II. Simon parti, l'abbé et les moines possèdent les susdits biens pendant plusieurs années, sans aucune contestation.

A son tour, Maurice, fils d'Aremburge et d'Aimeri de Montbazon, et qui venait d'atteindre la jeunesse, vient à Saint-Aubin, et y demande non-seulement le fief abandonné par son cousin, mais encore d'autres objets. Archambaud, alors abbé, et ses religieux, convoquent donc en leur cour divers hommes marquants, écoutent la réclamation de Maurice, et la réfutent par des preuves évidentes : parce qu'ils n'ont plus en leur pouvoir les biens revendiqués, et parce que ceux dont ils ont encore la possession sont entre leurs mains sans contestation et depuis si longtemps, qu'ils n'en doivent plus compte à personne. Toutefois Maurice ne veut pas se soumettre à cet arrêt. Dès qu'il voit la province privée de justice [3], il attaque furtivement les domaines de l'abbaye, arrache les vignes, incendie les maisons et moulins, et se livre à beaucoup d'autres ravages; aussi les moines, tout en signalant ces faits à leurs seigneurs et amis par une plainte formelle, offrant d'ailleurs de faire droit à leurs adversaires, attirent-ils l'excommunication sur celui qui tergiversait et évitait un jugement.

Quoique excommunié, Maurice continue sans relâche à tenir la même conduite; alors l'abbé, pour y mettre un terme, s'adresse à Hubert de Champagne, dont il était sujet. Celui-ci pro-

1. Indre-et-Loire, arr. de Tours.
2. Près d'Angers, sur la route du Pont de Cé.
3. C'est-à-dire après la mort de Geoffroi Martel le jeune, fils de Foulque Réchin, tué, en 1106 au siége du château de Candé, *insidiis novercæ* (Bertrade de Montfort), *patre, ut ferunt, consentiente.* Voir les *Gesta consulum Andegavorum.*

met d'obliger son vassal à rendre justice aux moines, s'ils veulent bien eux-mêmes reconnaître ses droits, et l'abbé y consent. Ils se réunissent donc à Durtal [1] pour y plaider. Les détails de l'affaire ayant été exposés et très-bien débattus, Hubert trouve un prétexte pour faire ajourner le jugement ; il en résulte que maintes et maintes fois Archambaud et ses religieux font en pure perte le voyage de Durtal. Enfin, après beaucoup de procédures et de débats, une nombreuse assemblée de juges se réunit, et le procès est terminé de la manière suivante.

Hubert de Champagne requiert de l'abbé que, sans avoir aucun égard aux actes et dires antérieurs, les parties reprennent l'affaire dès son début. Archambaud s'empresse de le faire, et Maurice à son tour expose ses prétentions comme ci-dessus. Chacun ayant donc parlé, les personnes de la cour qui sont choisies pour juges demandent à l'abbé s'il reconnaît que, sur les biens revendiqués par Maurice, quelques-uns ont été possédés par ses parents. Archambaud répond que Geoffroi, aïeul de Maurice, a tenu l'office de prévôt du monastère, non à titre de fief, mais en qualité de serviteur, et comme étant, de sa tête, homme de Saint-Aubin ; tellement que, de son vivant même, ledit office a été confié à d'autres, savoir Bernier et Adolphe ; mais il ajoute que Geoffroi a possédé pleinement la censive du Puy-Anseau et le fief de Constantin Charbonnel. Après cette réponse, les juges s'expriment ainsi : « Seigneur abbé, nous déclarons que vous devez « restituer à Maurice les biens que vous reconnaissez avoir été « possédés par son aïeul, pour lesquels néanmoins il doit vous « donner de son argent en quantité convenable, et en proportion « avec le susdit fief. Et lorsque, fidèle observateur des règles de « la justice, vous l'aurez remis en possession, alors il vous ré- « pondra, si vous le réclamez comme votre homme de sa tête. »

L'arrêt entendu, Archambaud consulte les personnes qui l'assistaient et il se dispose à restituer à Maurice la censive et le fief déjà nommés ; mais celui-ci a reconnu que, s'il reçoit les biens de son aïeul, il va subir sa condition, et doit par conséquent abjurer l'honneur de la liberté pour l'infamie de la servitude ; il fait donc agir ses amis afin que le procès se termine par une transaction. Leurs démarches réussissent, et, pour les sanctionner, Maurice vient à Angers, où il est reçu dans le chapitre de Saint-Aubin,

1. Maine-et-Loire, arr. d'Angers, à 33 kilomètres de cette ville.

avec sa femme Aremburge et Geoffroi Brichet, son beau-frère. Ainsi que sa femme, il y renonce complétement à tout ce qu'il avait réclamé; en foi de quoi il donne à l'abbé un couteau, qu'il reçoit ensuite de ce dernier pour aller le déposer lui-même sur l'autel de Saint-Aubin. Ceci fait, il revient dans le chapitre, donnant la main à un seigneur nommé Aimeri Chamaillard, et il s'engage à observer tout le temps de sa vie la transaction qu'il a acceptée. Maurice promet en outre de protéger et défendre, de tout son pouvoir et contre tous ceux qui pourraient les disputer à l'avenir, les biens à l'égard desquels il a abandonné ses prétentions en faveur des religieux, pourvu néanmoins qu'il n'ait aucun argent à débourser. Il s'oblige encore à faire confirmer tout ce qui précède par son fils, quand il aura atteint l'âge légal; enfin, pour dernière garantie, il jure dans le chapitre, sur les saintes reliques, d'exécuter fidèlement toutes ses promesses. La paix ayant été ainsi faite, l'abbé Archambaud donne à Maurice 12 livres de deniers.

Après une longue liste de témoins, notre charte se termine ainsi : « Fait dans le monastère de Saint-Aubin, la veille des calendes de décembre, l'an de l'Incarnation du Seigneur 1113, indiction VIIe, Foulque le jeune étant comte d'Angers et Rainaud évêque de la même ville. »

Résumant ce qui est contenu dans les onze chartes relatées ci-dessus, et sans revenir sur les faits généraux relatifs à la condition des colliberts, nous y trouvons trois donations, un partage, un échange, deux achats, un affranchissement, un procès entre co-propriétaires, un duel et un long débat entre un maître et les descendants d'un homme qui lui appartenait.

On a pu remarquer dans la dernière pièce l'énergie avec laquelle le servage est qualifié par les moines eux-mêmes, et repoussé par deux personnes successivement. Simon et Maurice, les petits-fils du collibert Geoffroi, répudient la richesse, l'aisance tout au moins, puisqu'elle doit leur coûter la liberté. En outre, nous ne sommes plus au temps où les abbés de Saint-Aubin, Girard, Hubert et Otbranne, faisaient constamment triompher les intérêts de leur monastère contre les laïques, même les plus puissants. Archambaud, leur successeur, est obligé de comparaître devant le baron de Durtal, comme un plaideur ordinaire, et sur le même plan que Maurice de Montbazon. La cour féodale, dont notre charte fait un tableau si vrai et si curieux , montre ici une vive intelligence par l'appréciation ingénieuse du procès qu'elle parvient à terminer.

La transmission des fiefs , même ceux des colliberts , a fait de grands progrès à l'avantage des tenanciers : tout en restant propriétaire de celui de Geoffroi Hildemaine, l'abbaye n'obtient aucune indemnité pour les dévastations , exagérées sans doute , qu'elle attribue à Maurice, et même elle consent à lui payer une indemnité de 12 livres.

Ces faits remontent au commencement du douzième siècle; mais déjà la civilisation a marché d'un pas rapide dans la contrée où l'étude des belles-lettres et celle du droit étaient dès lors en grande faveur. Bientôt il ne sera plus question de serfs et de colliberts dans les documents angevins, et l'on n'y rencontrera que des bourgeois, ou tout au plus des tenanciers censitaires.

P. MARCHEGAY.

I.

[DE BERNONE COLLIBERTO , DE TERRA LAGONNA , ET DE AQUA FOSSA MORIN ; DATIS A FRIDRICO , SUB GIRARDO ABBATE.]

In Dei nomine , Fridricus. Notum immo et percognitum esse volumus cunctis sanctæ Dei ecclesiæ fidelibus quoniam adiit me quidam abbas ex monasterio Sancti Albini, vocabulo Girardus, ut ei ex rebus, tam monachis ex supradicto monasterio quam ex beneficio senioris mei Fulchonis comiti tenere video, eis ad censum concederem : hoc est collibertum unum, Berno nomine, cum uxore et infantibus ejus, cum terra que vulgariter vocatur Lagonna , et aquam que rustice dicitur Fossa Morin, et omnia quicquid mihi in ipsa terra vel in aqua cognoscitur esse meo beneficio. Qui peticioni eorum annuens, cum voluntate senioris mei Fulchoni, concedo ipsi Sancto Albino quam cuncte congregationi ejus, tam collibertum et ejus familia, quam terram vel aquam ad picatoriam faciendam, omnibus diebus quibus orbita hujus seculi volvitur. Idcirco hanc cartam eis concedo, sub institutione census annuatim : et in censum persolvant annis singulis, missa sancti Albini que celebratur kalendas marcii, solidos V; et amplius eis non requiratur. Est autem ipsa terra et ipsa aqua sita in pago Andegavo. Terminatur autem ipsa terra ex una parte terris Hermenlandi, et alia via publica. Hæc autem carta, ut firmior sit ve-

riorque credatur, manu propria manuque senioris mei tam fide. . . . .
Cætera desiderantur.

II.

CARTA RADULFI, COLLIBERTI SANCTI ALBINI.

Radulfus, filius Durandi Burdelli, collibertus Sancti Albini, de
Campaniaco Sicco, duxit uxorem Hermengardem Gillardam, Sancti
Florentii ancillam. De quibus nati sunt Archembaudus Paratus et
Rainsindis; et hos duos infantes partiti sunt apud Maironem Hubertus abbas Sancti Albini et monachi Sancti Florentii, et, de illa parti-
tione, habuit Sanctus Albinus Rainsendem et Sanctus Florentius Ar-
chembaudum Paratum.

III.

CARTA DE COLLIBERTA QUAM MONACHI SANCTI ALBINI EMERUNT A TETO MILITE.

Notitia hujus rei. Notum esse volumus cunctis sanctæ Dei ecclesiæ
fidelibus, tam presentibus quam futuris, quia deprecata est michi
omnis congregatio S. Albini ut ei collibertam quandam, quam ex benefitio senioris mei Fulconis michi videtur habere, precium ab eis
accepto, eam videlicet collibertam concederem. Igitur ego Teto, pe-
titionem abbatis monasterii S. Albini, nomine Huncberti, et ejus congregationi voluntati annuens, cum consensu senioris mei Fulchoni et
remedium animæ illius sive patris et matris et meæ quoque anime et
consilium fidelium meorum, collibertam nomine Aremburgis ad locum S. Albini trado : ita tamen ut nec ego nec ullus ex parentibus
meis sive successoribus nullam calumpniam audeant inferre. Quod si
quis, quod nec fieri credo, hoc facere ausus fuerit, in primitus iram
Dei omnipotentis incurrat, cum Juda traditore et cum Simone Mago
portionem habeat et omni tempore anathema maneat, et hæc notitia
firma permaneat.

IV.

CARTA DE ALGARDE, QUAM DEDIT DOMNA ALSENT SANCTO ALBINO, CUM OMNI FRUCTU SUO, IN OBEDIENTIA VARENNA.

In nomine sanctæ et individue Trinitatis. Notum sit omnibus nostra-
tibus, monachis sive clericis necnon et laicis, tam presentibus quam

futuris, quia deprecatus est domnus abbas S. Albini, nomine Huncbertus, quandam feminam quæ vocatur Alsent, de suo benefitio, ut aliquid S. Albino daret, quod et fecit. Dedit etiam S. Albino quandam collibertam que vocatur Algart, cum omni fructu suo, ea ratione ut ipsa omnia quæ ei pater suus de ipsa hereditate dederat, id est terram, aquas, medietatem domui suæ, supradictæ dominæ suæ relinquet : ita ut deinceps nec illa nec ullus suus filius nec filia reclamare post hæc valeat. Insuper etiam dedit Landricus, ejus senior, antedicte Assent solidos XX, ut melius firmaretur hæc convenientia. Firmaverunt namque hanc convenientiam sui nepotes, Burchardus scilicet et Gaufridus, necnon et Ingelgerius et mater eorum †.

V.

CARTA DE COLLIBERTIS QUOS EMIT WALTERIUS, ABBAS SANCTI ALBINI, A SANCTIONE DE HAIA.

Quidam collibertus S. Albini, nomine Morinus, prendidit uxorem quandam collibertam Sancionis de Haia, ex qua habuit unum filium nomine Richardum. Postea vero, dato in primis benefitio loci, emit Walterius abbas S. Albini et monachi sui ab ipso Sancione illam collibertam et medietatem filii ejus LX solidis et duabus sellis, unaquaque V solidorum, una ad suum opus et alia ad opus filii sui; et preter hæc femina sua V solidos accepit.

Emptio autem hæc, vel convenientia, facta in capitulo S. Albini, vel corroborata fuit; de qua videlicet firmatione sunt testes quorum nomina finis hujus cartæ continet scripta : Rainaldus, Ascelinus, Benedictus, Dodo, Campelinus, Otgerius, Rainardus, Drogo, Eva, Herveus, Hugo, Rainaldus vicarius de Haia.

VI.

CARTA DE INCREMENTO BALDUINI FILII WIDDONIS, IN OBEDIENTIA LEGIONIS.

Balduinus filius Widdonis, quadam vice profecturus Romam, donavit Deo et sancto Martino de Legione, ad augmentum victus monachorum ibidem degentium, decimam de mansura Andreæ filii Seinfredi, et duos colibertos, Johannem et Frotmundum fratrem ejus.

VII.

Hamelinus, militaris vir et vasvassor illustris, cum esset jam pro-
vectæ ætatis, (et), post decursam tam longo tempore militiam, magis
jam exspectaret in pace quam gladio finire vitam, secundum disposi-
tionem Dei creatoris, in cujus manu mors et vita consistit, ab occur-
santibus de improviso inimicis crudeliter occisus est. Cujus corpus
cum traderetur sepulturæ, in cimiterio B. Albini confessoris Christi,
anno ab incarnatione domini nostri Jhesu Christi MLXII°, indictione XVª, II° kalendas junii, devota Deo conjux illius Hildeburgis
filiique eorum Hubertus atque Giraldus, et dolore confecti et de anima
dilectissimi patroni sui solliciti, pro remissione peccatorum ejus,
Goslenum 1 collibertum suum ab omni jugo nativæ servitutis, quan-
tum in ipsis erat, absolverunt et liberum esse in perpetuum cum
omnibus suis permiserunt. Ipse autem libertus factus, postmodum su-
periorum seniorum, de quorum beneficio in jus prædicti Hamelini
descenderat, auctoritatem et firmitatem diversis opportunitatibus
temporum et perquirere et impetrare studuit, sicuti subinserta decla-
rant signa, omnium quorum interfuit nominibus titulata. Testium
sane qui, ad tumulationem defuncti adstantes, primam libertatis do-
nationem viderunt, ista sunt vocabula : Otbrannus abbas S. Albini,
Achardus abbas S. Nicholai, Ansierus decanus S. Mauricii, Rainaldus
archidiaconus, Goffredus Sanctonicus, archidiaconus, Gauffridellus
canonicus S. Mauricii, Odo presbiter et canonicus, Hugo senescallus
episcopi, Hamelinus miles interemptus, Fulcoius vicarius S. Mariæ,
Girardus miles de Charceio, Paulinus filius præfati Gosleni, Berno
frater ejus, Albericus frater ejus, Goffredus frater ejus, Rainaldus
Buthi, Tetbaldus de Noileto, Wido mercator, Dagobertus mercator,
Rainaldus miles, filiaster ejus Rainaldus Saltuarius, et alii plures.
Ar..., prior ac monachus, rogatus scripsit et signavit.

Signum domni Eusebii episcopi †. S. Hildeburgis uxoris Hamelini †. S. Giraldi filii ejus †. S. Huberti filii ejus †. S. Andefridi filii
Huberti †. S. Hildeburgis uxoris filii ipsius Huberti †. S. Bernardi ne-
potis ipsius Hamelini †. S. Girorii dominici †.

1. Ducange, au mot *Collibertus*, a publié un fragment de cette charte, depuis *Goslenum* jusqu'à *impetrare studuit.*

Si quis libertatem hanc, respectu divinæ propitiationis legitime factam calumniari et cassare tentaverit, iram Dei omnipotentis et omnium sanctorum incurrat, et voluntatem iniquam non perficiens, pereat cum impiis damnatis in sæcula sæculorum, amen.

VIII.

CARTA DE CALUMPNIA QUAM DIMISERUNT GOITRUDIS ET FILIUS EJUS HAIERIUS, DE COLLIBERTIS SANCTI ALBINI, MONACHIS DIMITTENTIBUS EIS CALUMPNIAM CUJUSDAM DOMUS.

Quoniam humana facta brevi dilabuntur, nisi scriptis quibusdam commendata fuerint, utile est plurima rerum litterarum memoriæ commendare, ne posteris nostris rei veritas subtrahatur. Igitur huic scripto commendamus quod matrona quedam, nomine Goitrudis, filiusque ejus Hairius monachis S. Albini quoddam genus collibertorum, scilicet Drogonem et fratres sororesque ejus, calumpniabantur; et monachi eis domum quandam in burgo S. Albini similiter calumpniabantur. Unde factum est juditium; et in ipso judicatum ut ipsi colliberti, lege aperta, dominicos homines S. Albini se esse probarent; et ipsa domina et filius suus, similiter lege aperta, domum esse propriam. Ex qua re inter eos et abbatem Girardum et monachos concordia facta fuit : scilicet ipso abbate eis domum sine lege concedente et monachis concedentibus, et ipsa cum filio similiter collibertos concedente. Hujus rei testes sunt : Girardus abbas, Salomon monachus, Petrus monachus, Albericus monachus, Warinus monachus, Tetbaudus monachus, ipsa Gottrudis et filius ejus Hairius, Rotbertus filius Warnerii, Isenbertus miles, Rainaldus secretarius, Rainaldus filius Burdini, Drogo, Warinus cellararius, Gaufridus Piruns, Harduinus, Barbotinus, Morinus de Alodis, Walterius de Lidriaco.

IX.

CARTA DE COLLIBERTIS QUAS DROGO DE VALLIBUS ET MABILIA, UXOR EJUS, MONACHIS SANCTI ALBINI DEDERUNT, APUD SARMASIAS.

Notum esse volumus presentibus et futuris quod quidam miles, nomine Drogo de Vallibus, et Mabilia, uxor ejus, pro remedio animarum suarum et pro filiis et filiabus suis, donaverunt Deo et Sancto

...ino et ejus monachis quandam collibertam suam, nomine Bertam,
cum duabus filiabus suis, quæ omnes docte erant vestimenta lavare.
Hoc donum fecerunt in capitulo Sancti Albini, ubi et societatem suam
acceperunt audientibus et videntibus istis : Hucberto decano de
Balgiaco, et Gaufrido Cartiniaco, et Bernardo Cum Pedibus, et Aldulfo
preposito Sancti Albini, et pluribus aliis quorum nomina scribere
longum est.

X.

CARTA DE TERRA ET VINEA QUAM MONACHI SANCTI ALBINI DEDERUNT GIRALDO, QUIA CONVICIT MARTINUM CABOT COLLIBERTUM ESSE SANCTI ALBINI.

Utilitati posterorum providentes, indicamus quod quidam homo,
Martinus Chabot nomine, denegavit se de familia S. Albini esse. Monachis autem affirmantibus illum de sua familia esse, erexit se contra
eum, pro fidelitate monachorum, quidam consanguineus ejus, Giraldus nomine, qui cum eo scuto et baculo decertans publice, eum
vi fecit confiteri se collibertum S. Albini esse. Pro qua re abbas Girardus et monachi, cupientes eum remunerare, dederunt ei in capitulo dimidium arpennum vineæ, reddentem censum et decimam, et
terram capientem semen trium sextariorum, sicut solidam et quietam
habebant : tali pacto ut terram quidem tantum in vita sua haberet,
vineam autem ipse et liberi ejus post eum. Hoc viderunt et audierunt : Andreas Recordellus, Rainaldus Recordellus, fratres ejusdem
Giraldi, Frotmundus Aquila, Constantinus Carbonellus, Martinus
Gorguenaldus, Albertus pistor, Hildebertus, Bertrannus, Belotus,
Aldulfus Corvesarius, Hattho filius Gervasii.

XI.

DE MAURITIO DE MONTE BASONIS.

Non potest quis esse ingenuus quamdiu fiscum colliberti possideret.
Si quis fiscum colliberti possedisset, etiam servitutis dedecus in-
dueret.

Omnibus notum esse volumus quod Godefredus filius Hildemanni,
S. Albini prepositus, homo fuit S. Albini de capite suo. Hic accepit
uxorem nomine Adelait, comitis Andecavensis et Roberti Burgundi

colibertam, genuitque tres filias ex ea : Agnetem scilicet, Girbergam et Aremburgim; quæ cum ad nubiles annos pervenissent, secundum morem colibertorum partite sunt. Primam, quæ vocabatur Agnes, Otbrannus abbas S. Albini accepit ; quæ postea Giraldum Calvellum maritum duxit, qui et ipse ex familia S. Albini erat. Reliquas duas Fulcho comes et Rotbertus Burgundus sibi vindicaverunt; quæ tamen postea a predicto comite et a Rotberto Burgundo manumissæ sunt. Liberæ factæ, ac per hoc a rebus patris sui Godefredi funditus separatæ, maritos acceperunt. Una earum, Girberga videlicet, Engelbaudo qui cognominatus est Eschevit nupsit ; et aliam, quæ dicebatur Aremburgis, Haimericus de Monte Basonis conjugem accepit.

Elapso autem multo tempore, cum utreque genuissent filios et filias, et filius Engebaldi Eschevit, nomine Simon, jam adolevisset, fiscum avi sui, predicti scilicet Godefredi, reposcere cepit : hoc est censivam de Puteo Ansaldi, et fiscum Constantini Carbonelli. Quid plura? accepto consilio, Girardus S. Albini abbas fiscum Godefredi prepositi predicto Simoni, sicut rectum erat, reddidit. Quem fiscum cum ille parvo tempore tenuisset, et tandem rescisset quia non poterat esse ingenuus quamdiu fiscum coliberti possideret, presente Milone Romanæ sedis legato, ejusdem sepedictum fiscum, in manu Girardi abbatis, cum servitutis dedecore abjecit.

Illo ita egresso, Girardus abbas et monachi S. Albini supradictas res pluribus annis sine ulla calumpnia tenuerunt. Postea cum filius Haimerici de Monte Basonis, nomine Mauritius, juventutis annos attigisset, non solum fiscum quem Simon cognatus suus reliquerat, sed etiam multas alias res monachis S. Albini calumpniari cepit, quas subter annotavimus. Preposituram illorum, quam Godefredus avus suus tenuerat per fiscum, reposcebat. Unam quoque mansuram terræ apud Campigniacum; preterea tres quarterios vineæ apud locum qui Clum vocatur, et censivam de Puteo Ansaldi cum fisco Constantini Carbonelli reclamabat. Abbas igitur Archembaldus et monachi S. Albini, congregato cœtu magnorum virorum in curia sua, auditis rebus quas Mauritius reposcebat, calumpnias ejus evidenti juditio refutaverunt : partim quia quasdam res poscebat quas non habebant, partim vero quia, de illis rebus (quas) habebant, tam longo tempore sine ulla calumpnia tenuerant ut jam inde nulli respondere deberent. Cui juditio ille minime adquiescens, ubi provintiam sine justitia vidit, res monachorum furto aggressus, vineas incidit, domos et molendinos incendit, aliaque plurima dampna eis intulit.

Qua de re abbas et monachi, dominis et amicis suis clamorem facientes et rectum offerentes, illum tergiversantem et rectum evitantem excommunicari fecerunt. Quo excommunicato, dum nec sic ille requiesceret, apud Hucbertum de Campania de illo abbas conquestus est; homo quippe illius idem Mauritius erat. Hucbertus ergo promisit se abbati rectum facere de Mauritio, si abbas ipsi Mauritio rectum facere vellet; nec abbas renuit. Quapropter apud Duristallum utrinque placitaturi conveniunt. Auditis rebus omnibus et optime peroratis, Hucbertus juditium, accepta occasione, distulit. Unde factum est ut iterum atque iterum, sepe et sepe, pro eadem re predictum castrum supra memoratus abbas cum multis amicorum frequentaret, ubi, post multas lites et contemptiones, maximo juditio congregato, sic res illa finita est.

Rogavit Hucbertus de Campania Archembaldum abbatem ut, post positis reliquis rebus et dictis, ad caput placiti utreque partes redirent. Quo impetrato, Mauritius res quas calumpniabatur, sicut suprascriptæ sunt, exposuit. Expositis ergo calumpniis, designati judices interrogant abbatem et monachos utrum, de illis rebus quas Mauritius ab illis expetebat, parentes illius aliquid tenuisse recognoscerent. Ad quod respondit abbas quia Godefredus, avus istius Mauritii, preposituram eorum non in fiscum, sed sicut serviens et sicut homo S. Albini de capite suo, habuisset : ita ut, eo adhuc vivente, abbas ipsam prepposituram aliis commendaverit, et eam, in vita ipsius Godefredi, Bernerius et Aldulfus habuerint; sed plane censivam de Puteo Ansaldi et fiscum Constantini Carbonelli habuit. Post hanc abbatis responsionem, judices subintulere : « Domne abbas, judicamus quia debetis « Mauritium revestire de illis rebus quas avum illius tenuisse recogno- « scitis, hoc est de fisco Constantini Carbonelli et de censiva Putei « Ansaldi; pro qua re tamen debet vobis convenienter dare de pecu- « nia sua, justa modum fisci illius. Cumque, sicut rectum est, re- « vestieritis eum, ipse postea respondebit vobis si eum de capite suo « impetieritis. »

Hoc judicium abbas audiens, inito consilio, Mauricium de supradictis rebus revestire disposuit. Sed Mauricius, intelligens quia si fiscum avi sui de abbate suscepisset, etiam servitutis dedecus indueret, per amicos suos de hac re quesivit concordiam. Qua perscrutata, venit in capitulum S. Albini, cum Aremburge conjuge sua et Jofredo Brichet sororgio suo, ibique omnia quæ monachis S. Albini calumpniatus fuerat, in manu Archembaldi abbatis, cum uno cultello, penitus dimisit, et predicta uxor ejus; moxque eundem cultellum super altare S. Albini detulit. Hoc facto, regressus in capitulum S. Albini, Haimerico Camaillardo manum ejus tenente, fidem suam dedit quod hanc concordiam quam tunc faciebat, toto tempore vite sue, abbati et monachis S. Albini conservaret. In eadem quoque fidutia promisit quia istas res, quarum calumpniam tunc dimittebat , monachis S. Albini , contra insurgentes deinceps adversarios, pro posse suo, tutaret et defenderet, excepta datione pecuniæ suæ ; et quod hæc omnia filium suum concedere faceret, cum ille, qui tunc parvulus erat, ad legitimam etatem perveniret. Hac fide ita promissa, Mauricius omnia de quibus ibi fidem suam dederat in eodem capitulo , super sanctas reliquias , juravit. Ergo his rebus ita pacatis, dedit abbas Archembaldus predicto Mauricio xii libras denariorum.

Testes qui cum abbate et toto conventu cenobii ibidem affuerunt et hoc viderunt et audierunt : Guillelmus Musca, Mainerius de S. Laudo, Babinus de S. Laudo, Stephanus capellanus, Giraldus prepositus, Aimericus Camaillardus, Fulbertus pelletarius, Aufredus pelletarius, Karius ; de nostris hominibus : Rotbertus prepositus, Paganus de S. Albino, Samazollus, Warinus Pulsatus, Guarinus Modicus, Paisant, Mauricius de Saiaco et filius ejus Mauricius, aliique multi.

Actum apud monasterium S. Albini pridie kalendas decembris , anno ab Incarnatione Domini MCXIII°, indictione vii[a], comite Andegavensi Fulcone Juniore, ipsius urbis Rainaldo tunc pontifice.

(Extrait de la Bibliothèque de l'École des chartes, 4e série, t. II.)

Paris — Typographie de Firmin Didot frères, rue Jacob, 56.